AF460287

26 fevrier 1862
Catalogue de Mr Dhiôs.

OBJETS D'ART

ET DE CURIOSITÉ

PROVENANT EN PARTIE

DU PALAIS D'ÉTÉ DE YUEN-MING-YUEN

ET COMPOSANT LE

MUSÉE JAPONAIS & CHINOIS

DE

M. le Colonel **DU PIN**

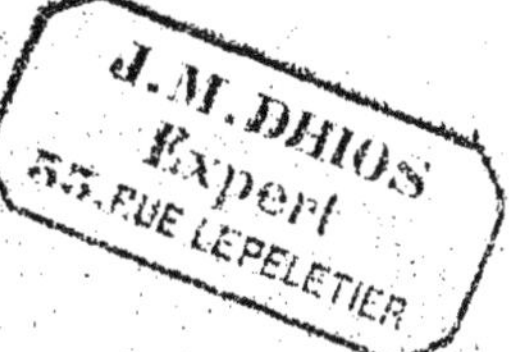

Me **BAUDRY**, Commissaire-Priseur.

M. **DHIOS**, Expert.

RENOU ET MAULDE
IMPRIMEURS DE LA COMPAGNIE DES COMMISSAIRES-PRISEURS
Rue de Rivoli, 144.

Armes. =

275. }
276 } Sabres Japonais.
277. }

304 3. Fusil à mèche }
305. 3. Poignard Impérial } Palais
307 3. Sabre double lame }

Chien de Fôô ..... n° 148. =

Cristal de Roche Blanc - n° 290
id Rose - n° 57. =
id verd ..... non catalogué. =

Explications.

Semchou ..... Vin chinois - = Page = 7 =
Betos. ..... Palefrenier id. = 14 =
Mousmé ..... Femme Japonaise - id = 15.
Daimio. ..... Seigneur Japonais - id 15.
Fusy-Hama ..... Grand Volcan sacré du Japon - id - 29. =
Honneur Japonais. = Page 35. =

CATALOGUE

DES

OBJETS PRÉCIEUX

PROVENANT EN GRANDE PARTIE

DU PALAIS D'ÉTÉ DE YUEN-MING-YUEN

ET COMPOSANT LE

MUSÉE JAPONAIS ET CHINOIS

DE

M. le Colonel DU PIN

LA VENTE AUX ENCHÈRES PUBLIQUES AURA LIEU

HOTEL DROUOT, SALLE N° 5

Les Mercredi 26, Jeudi 27, Vendredi 28 Février et Samedi 1er Mars 1862

A UNE HEURE

Par le ministère de Me **BAUDRY**, Commissaire-Priseur,
rue Neuve-des-Petits-Champs, 50,

Assisté de M. **DHIOS**, Expert, rue Lepeletier, 33,

CHEZ LESQUELS SE DISTRIBUE LE PRÉSENT CATALOGUE.

EXPOSITION PUBLIQUE

Le MARDI 25 Février 1862, de une heure à cinq heures.

PARIS — 1862

AVIS IMPORTANT.

Toutes les pièces doubles groupées sous un même numéro, à moins qu'elles ne forment paires ou pendants, seront vendues séparément.

Aucun des objets de la collection ne sera vendu à l'amiable avant la vente.

CONDITIONS DE LA VENTE.

Elle sera faite au comptant.

Il sera perçu 5 centimes par franc en sus du prix d'adjudication, applicables aux frais.

Le Catalogue se distribue :

A Paris............ chez MM.	BAUDRY, commissaire-priseur.
—	DHIOS, rue Lepelletier, 33.
—	CHARAVAY, rue des Saints-Pères, 18
A Lyon............	BOTON, place Louis le Grand, 36.
A Bordeaux........	MATHIEU, galerie Bordelaise, 10.
A Toulouse........	AVANZO, rue des Arts.
A Londres..........	BOHN, 4 York st. Covent-Garden.
A Amsterdam......	J. HAMBURGER.
A Leipzig...........	SALA Frères.
A Bruxelles........	L. STEIN, Montagne de la Cour, 22.

ORDRE DES VACATIONS.

PREMIÈRE VACATION. — **Mercredi, 26 Février 1862 :**

PORCELAINES DE CHINE ET DU JAPON.

DEUXIÈME VACATION. — **Jeudi, 27 Février 1862 :**

BRONZES CHINOIS ET JAPONAIS.

TROISIÈME VACATION. — **Vendredi, 28 Février 1862 :**

LAQUES, JADES, IVOIRES, BOIS, ETC.

QUATRIÈME VACATION. — **Samedi, 1er Mars 1862 :**

OBJETS PRÉCIEUX PROVENANT DU PALAIS D'ÉTÉ.

TABLE.

PREMIÈRE SECTION CHINOISE.

DEUXIÈME SECTION JAPONAISE.

TROISIÈME SECTION.

Laques du Japon Chine & Pekin =	Laque –	Rouge =	n° —	267. =
	id	à fond d'or =	n° —	226
	id	à fond noir =	n° —	
	id	aventuriné =	n° —	
	id	sur Ivoire =	n° —	259.
	id	Burgauté =	n° —	327
	id	mordoré =	n° —	

Il a fallu que la diplomatie nous donnât accès au Japon (1858), et que l'épée nous ouvrît la route de Pékin (1860), pour nous faire connaître les richesses artistiques des deux plus grands Empires de l'extrême Orient. Jusque là, il n'en était venu en Europe que des spécimens secondaires, généralement modernes. Ceux que présente ce catalogue sont la plupart anciens, et d'une perfection dont les artistes indigènes contemporains semblent avoir perdu le secret. On trouve ici des pièces qui remontent jusqu'au VIe siècle de notre ère ; il en est même un certain nombre qui sont uniques.

Le temps nous manque pour signaler en détail tout ce que renferment de merveilles ces bronzes d'un dessin si pur et si habilement damasquinés ; ces ivoires et ces bois aux sculptures aériennes ; ces laques éclatants d'or ; ces porcelaines aux peintures si fraîches et si gracieuses ; enfin ces émaux cloisonnés, dont les amateurs connaissent le prix.

Les objets trouvés dans le palais d'été de Yuen-Ming-Yuen, dans le cabinet secret de l'empereur et dans les grandes pagodes, ont un intérêt historique qui en augmente la valeur comme œuvre d'art. Le *Grand-Album*, peint sur soie, représentant les 40 vues des palais impériaux attirera particulièrement l'attention, car c'est là seulement que l'on retrouve l'image de ce palais d'été, le plus beau qui fût en Chine, et qu'un incendie a fait disparaître.

Il nous paraît superflu de rien ajouter pour faire ressortir l'importance de la collection de M. le colonel Du Pin : elle se recommande assez par elle-même. Le catalogue a été fait à la hâte, et l'on s'est borné à des descriptions sommaires. On s'est aidé, pour le rédiger, des ouvrages spéciaux les plus récents, surtout du livre de M. Stanislas Julien sur les porcelaines de Chine. Les inscriptions, sauf celles que leur trop grande ancienneté rendait indéchiffrables, ont été traduites par ce savant lui-même, et plusieurs sont écrites de sa propre main.

20

10

25

18

SECTION CHINOISE.

PORCELAINES ANCIENNES.

1 — Trois **TASSES A THÉ**, avec couvercles.

De la période **960** à **963**, date de la porcelaine marquée la plus ancienne. *(Stanislas Julien*, p. XLIIII.)

2 — Huit **PETITES ASSIETTES** à fleurs.

Même date.

3 — Une **TASSE** et deux **COUVERCLES DE TASSES.**

Même date.

4 — Onze **PETITES TASSES A SEMCHOU.** (*Semchou*, vin chinois.)

Fabriquées dans la période *Young-Lo*, **1403-1424.** (S. J., p. XLV.)

5 — Deux **BOLS.**

Fabriqués dans la période *Tch'in-Hoa.* **1465-1487.** (S. J.)

6 — Huit **PETITES SOUCOUPES.**

Même date.

7 — Quatre **PETITES TASSES A SEMCHOU.**

Même date.

8 — Cinq **BOLS.** *avec marques*

Même date.

Dessins Camaïeux = orné de Dragons à 4 griffes =

9 — Sept **PETITES TASSES A SEMCHOU**, formes variées.

Même date.

10 — **TASSE** et **SOUCOUPE.**

Même date. Deux pièces.

11 — **PETITE TASSE** et **SOUCOUPES.** Long-fang.

Phénix et Dragon. 3 pièces.

Période *Siouenté*, 1426-1435, destinée à l'usage de l'Empereur. (S. J., p. XLVI.)

12 — **TABATIÈRE.** *Ornée de personnages & de chevaux*

Période 1506-1521. (S. J., p. XLIII.)

Contenant du tabac Chinois à priser)

13 — **PETITE ASSIETTE.** *Ornée de 2 Dragons à cinq griffes*

De la dynastie des Ming, 1465-1487. (S. J.)

14 — Six **TASSES A THÉ** et six ~~**COUVERCLES**~~. *Couvre tasses fleurs & feuillages (marques de fabrique). —*

15 — Deux **PETITES TASSES A SEMCHOU.**

16 — ~~Seize~~ *8* **TASSES ET** ~~**COUVERCLES**~~. *8 couvre tasses. 2 ornement bleu. 1 personnages camaïeu. 1 fond jaune. 2 avec fleurs & feuillages, 2 à Dragons à 4 griffes = (Belles) = Les diviser*

X 12

X 28

X 27

X 9

X 10

X 34

X 39

X 20

X 10

X 22 } 6 [illegible]

X 26 } 2 [illegible]

7 X

14 X

8

120

80 X

(Chine) — 78 X

238 X

76 X

1628. X

17 — Trois **TASSES.** Dessins variés.

18 — Quatre **PETITES TASSES A SEMCHOU.** Dessins variés.

19 — **BOL.**

20 — **VASE ANTIQUE.** Hauteur : 60 c.

21 — **VASE ANTIQUE.** Hauteur : 45 c.

22 — **VASE ANTIQUE.** Hauteur : 35 c.

23 — **VASE ANCIEN.** Chappe d'émail, rehaussé d'or; avec inscription. Hauteur : 38 c.

De la période *Kia-King*, 1796-1821. (S. J.)

24 — **VASE ANTIQUE,** craquelé. Hauteur : 39 c.

25 — **VASE ÉMAILLE, BURINÉ.** Hauteur : 72 c.

Pièce d'une grande beauté, remarquable par ses proportions et le fini du travail. Dessins réservés aux Empereurs. — *Rarissime.*

26 — Deux **VASES**, pâte tendre, couleur céladon, émaillés, rehaussés d'or. Dessin aux *deux Poissons.*

Choang-Yu, période *Long-Thsiouen*, 969-1106. (S. J. p., XLIIII.)

27-28 — Deux **COUPES.** Dessins aux deux Lions faisant rouler une balle.

Choang-ssc-Kouen-kieou, période *Yong-Lo*, 1403-1424 (S. J., p. XLV.)

LAQUES.

29 — **BOITE A OUVRAGE**, en laque de Canton, accessoires en ivoire sculpté.

30 — Deux **BOITES EN LAQUE ROUGE DE PÉKIN**, sculptées, représentant des Fleurs et les Dragons impériaux, à cinq griffes.

Diamètre : 39 c.

31 — Deux **BOITES EN LAQUE ROUGE DE PÉKIN**, sculptées, représentant une Fête champêtre, avec orchestre et jeux divers.

Diamètre : 28 c.

32 — Deux **CABINETS EN LAQUE ROUGE DE PÉKIN.** Dessins aux Dragons à cinq griffes, tiroirs intérieurs.

Hauteur : 23 c.; longueur : 33 c.

X 299 (Debris)

X 126

X 270
260

X 160

190

X 169

33 — Deux **PETITS PLATEAUX**, laque rouge de Pékin. sculptés.

34 — **PORTE-CIGARES** en ivoire plein.

35 — **PORTE-CIGARES EN IVOIRE**, sculpté à jour.

Diamètre : 10 c.; hauteur : 17 c.

Travail d'une remarquable délicatesse.

36 — **PORTE-CIGARES EN IVOIRE**, sculpté à jour.

Diamètre : 8 c.; hauteur : 13 c.

37 — **PORTE-CIGARES EN IVOIRE**, sculpté à jour.

Diamètre : 8 c.; hauteur : 13 c.

38 — **PANIER EN IVOIRE**, sculpté à jour.

39 — Deux **URNES EN IVOIRE** sculpté.

40 — Quatre **PLATEAUX A DESSERT**, à anses, en ivoire sculpté.

41 — **BOITE A GANTS**, ivoire sculpté.

Travail d'une grande finesse.

BRONZES.

42 — **BRONZES ANTIQUES**, suspendus à des bois sculptés.

43 — **GRAND VASE DE BRONZE ANTIQUE.**

Hauteur : 41 c.

Acheté à Pékin.

44 — **URNE CARRÉE**, bronze antique.

45 — Deux **PETITES URNES CARRÉES**, bronze antique.

46 — **BRONZE ANTIQUE**, monté sur bois sculpté.

Fabriqué dans la grande dynastie des Ming, période *Siouenté*, 1426-1435. Epoque des plus beaux bronzes de Chine. (S. J.)

47 — **BRONZE ANTIQUE**, monté sur bois sculpté.

48 — Deux **GONGS** très-grands (instrument de musique des Chinois).

Diamètre : 80 c.

49 — **PETIT BRONZE**, monté sur bois sculpté.

98

210

n° 48 – un tambour [illegible] 120 f [illegible]

n° 45 – un tambour [illegible] Martin [illegible] 200 f [illegible]

129 X

1 X

1—190 X

1—140

60 X

11 X

130 X

X

60 X
41
24

[illegible]

JADES, BOIS, ETC.

100 **50** — **BRANCHE DE LOTUS,** jade blanc sculpté, monté sur bois aussi sculpté.

51 — **DOUBLE JADE** sculpté, monté sur bois aussi sculpté, représentant des animaux fantastiques. *(Dauphins x hippopotames).*

400 **52** — Deux **BOITES EN BOIS DUR** incrusté de nacre, avec compartiments intérieurs.

Diamètre : 34 c.

Travail d'une rare perfection, exécuté en Cochinchine.

53 — **PORTE-CIGARES** en bois dur, incrusté de nacre.

20 **54** — **FLEUR DE CHRYSANTÈME,** bois sculpté. *Remarquée par M. Thiers.*

1000 **55** — **GRANDE CHAISE A DOSSIER,** bois de *Ning-Po,* sculptée à jour et incrustée.

Belle pièce, de grande dimension.

56 — Deux **CORNES DE RHINOCÉROS,** sculptées à jour, montées sur bois également sculpté à jour, et représentant des branches de nénuphar, avec le fruit.

57 — **PORTE-CIGARES** en cristal de roche rose, monté sur ivoire sculpté. *x socle en bois.*

800 **58** — **ÉVENTAILS VARIÉS.** *(onze dont 4 avec boites)*

1. Emporté par Mr le colonel.

SECTION JAPONAISE.

IVOIRES ANTIQUES SCULPTÉS.

Tous les sujets ci-après sont des légendes, des souvenirs historiques, des caricatures de personnages, ou des représentations des divers types de la société japonaise. La composition en est souvent spirituelle et l'exécution très-soignée.

59 — **MUSICIENS SUR UNE ESTRADE,** ivoire antique sculpté.

60 — **LA FEMME SOUMETTANT LE DRAGON PAR L'HARMONIE.**

61 — **FEMME JOUANT AVEC SON ENFANT.**

62 — **MENDIANT DES TEMPS ANCIENS.**

63 — **L'HOMME POURSUIVI PAR SON IMAGE.**

64 — **CHEVAL PORTANT UNE FEMME ET SES DEUX ENFANTS,** conduit par deux *Bétos* ou palefreniers.

65 — **COQ, POULES, POUSSINS.**

66 — **FEMME DU MIKADO,** montée sur un éléphant.

67 — **ARCHER DES TEMPS ANCIENS.**

36
91
28
24
60
50

24
101
90

19

2[illegible]

25

26

12

1[illegible]

10

21

2[illegible]

2[illegible]

19

98

68 — **ENFANTS CHERCHANT A GRIMPER CONTRE UNE JARRE.**

69 — **HOLLANDAIS PRENANT LE THÉ** que lui verse sa Mousmé, femme japonaise.

70 — **HOLLANDAIS** servi à table par sa *Mousmé*.

71 — **HOLLANDAIS** avec sa *Mousmé*.

72 — **HOMMES** cherchant à séduire ou à intimider l'Avarice.

73 — **DIEU DE L'AVARICE.**

74 — **JOYEUX COMPAGNON** peignant son portrait sur son ventre.

75 — **MAISON DE CAMPAGNE.**

76 — **LAVEUSE ET SON ENFANT.**

77 — **GUERRIER JAPONAIS** et sa Mousmé.

78 — **GUERRIERS JAPONAIS LUTTANT.**

79 — **DAÏMIO,** seigneur japonais.

80 — **GROUPE D'UN DAÏMIO ET DE SES FEMMES** dans l'attente.

81 — **BATEAU ALLÉGORIQUE** portant les dieux du Japon.

82 — **BATEAU** portant les dieux du Japon.

83 — **BATEAU.** L'Enfance guidant la Vieillesse.

84 — **GUERRIER** raccommodant le soulier de sa Mousmé.

85 — **RAT** sortant d'un parapluie qu'il a rongé.

86 — **FEMME RECEVANT DES CADEAUX.**

87 — **RHINOCÉROS** avec carapace de tortue, animal fabuleux.

88 — **CARICATURE D'UN CHINOIS.**

89 — **NAUFRAGÉS** s'attachant à leur bateau chaviré, et attendant du secours.

90 — **PHILOSOPHE** assis sur un bœuf.

91 — **ENFANTS** jouant à cache-cache.

92 — **LE RICHE** suivi par le pauvre.

93 — **MUSICIEN.**

94 — **DAÏMIO** jouant avec un diable (joujou).

X 31

X 21
X 28
X 30
X 10
X 21
X 15

X 11.10
X 29.
20

X
X 16.10
X 31
X

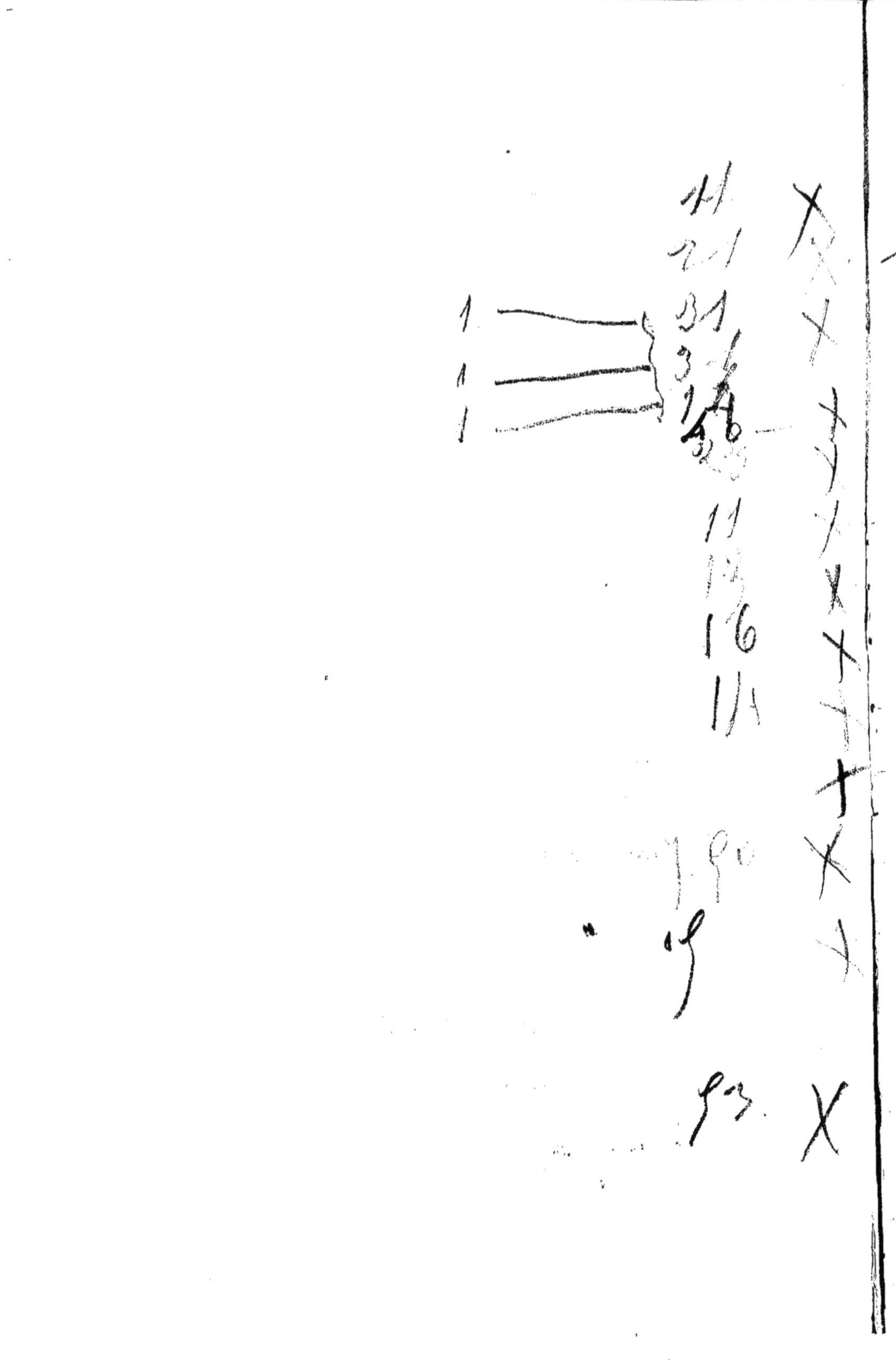

95 — **HOMME** cherchant à dompter un poisson.

96 — **HOMME** jouant avec son enfant.

97 — **SCÈNES ALLÉGORIQUES.** Trois pièces.

98 — **HOMME** jouant avec ses enfants.

99 — **GROUPE D'UNE MOUSMÉ ET D'UN DAÏMIO.**

100 — **HOMME** jouant d'un instrument japonais.

101 — **CAVALIER.**

102 — **GUERRIER.**

103 — **LA FEMME ET LE DRAGON,** allégorie.

104 — **CHRYSANTÊMES, PAPILLONS,** en nacre incrustée sur ivoire.

105 — **L'OURS STUDIEUX,** en bois sculpté.

PORCELAINES.

106 — Quinze **COUPES,** dessins bizarres, porcelaine d'Yédo, peinture dedans et dehors.

107 — Huit **COUPES**, dessins représentant des oiseaux, peinture dedans et dehors.

108 — Sept **COUPES**, dessins bizarres, peinture en dedans.

109 — Six **PETITES COUPES**, poissons peints en dedans.

110 — Huit **COUPES**, oiseaux peints en dedans.

111 — Neuf **COUPES**, bleu et or, peintes en dedans.

112 — Vingt-deux **COUPES ROUGES**, à personnages.

113 — Deux **COUPES ROUGES**, médaillons à personnages au centre.

114 — Dix **COUPES ROUGES**, animaux au centre.

115 — Douze **COUPES**, oiseaux à l'intérieur, fleurs à l'extérieur.

116 — Trois **COUPES**, à personnages.

117 — Cinq **COUPES**, avec des oiseaux.

118 — Trois **GRANDES COUPES**, avec oiseaux.

X 41

X

X 16

X 47

X. 21

X. 48

[illegible] le 134

X 47

X 76

X 75

X 90

X 71

31 X

30 X

45

1 Boîte — 45
1 [illegible] — 22
46
1 [illegible] — 31
[illegible] — 30
1 [illegible] — 40 X
1 [illegible] X
1 [illegible]

62

140 X

119 — ~~Trois~~ GRANDES COUPES, à personnages.

120 — COUPE MOYENNE, avec oiseau.

121 — Vingt-quatre PETITES TASSES, bleu et or.

122 — Quatre PETITES TASSES A THÉ, peintures en dedans,

123 — ~~Vingt-une~~ PETITES TASSES A THÉ, peintes en dedans et en dehors.

124 — BOITE contenant sept petites coupes. ~~7~~ pièces.

125 — ~~Trois~~ ~~GRANDES~~ COUPES, laquées et or. Deux groupes. ~~6 pièces.~~

126 — Deux SERVICES, PORCELAINE ARGENTÉE, de dessin différent, de chacun onze tasses, deux théières et deux flacons. En tout 30 pièces.

127 — PETIT SERVICE A THÉ, rouge et or : tasses, soucoupes, couvre-tasses ; trois pièces de chaque espèce. En tout 27 pièces.

128 — GRAND SERVICE A THÉ, coquille d'œuf, à personnages : tasses, soucoupes, couvre-tasses ; trois de chaque espèce. En tout 36 pièces.

129 — **SERVICE A THÉ,** coquille d'œuf, blanc et or : tasses, soucoupes, couvre-tasses ; trois pièces de chaque espèce. En tout 18 pièces.

130 — **SERVICE A THÉ,** coquille, laqué or : tasses, soucoupes, théières, cafetière, boîtes à thé. En tout 36 pièces. *Porcelaine 1/2 laquée*

131 — **SERVICE A THÉ,** porcelaine épaisse, laqué or : tasses, soucoupes, couvre-tasses, théière, cafetières, boîtes à thé. En tout 41 pièces. *{soucoupes différentes} (attention)*

132 — **SERVICE A THÉ,** laqué or : tasses, soucoupes, cafetière. En tout 23 pièces. *Porcel. entièrement laquée =/.*

133 — Cinq **PETITES COUPES** se groupant en pyramide.

134 — **COUPE,** rouge et or. *avec grecques /.*

135 — **GROUPES DE COUPES,** rouge et or. 3 pièces. *de grandeurs différentes*

136 — 2 **COUPES,** rouge et or. ~~2 pièces.~~ *se groupant en pyramides, ornements & grecques /*

137 — Deux **SUCRIERS,** *émaillés, couvercle à bouton (pommes de pin), marque de fabrique & médaillons intérieurs*

138 — Deux **THÉIÈRES,** ~~laquées rouge et or.~~ *en porcelaine blanche ornées de médaillons laqués rouge & or, couvercles avec grecques*

139 — **THÉIÈRE,** rouge, bleu et or, très belle. *Dessins & Dragons Impériaux. =*

X 50

X 250

X 200

X [illegible]

X 20

X avec le [illegible]

X 31

X 37

X 137 Mr [illegible] le (96)

135 [illegible] vous 50

X 96

8

61 X

440 X

70 X

300 X

16 X

15 X

1180 X

X

2200 X

140 — **SOUPIÈRE,** laquée or.

141 — Deux **VASES,** jaune et vert, laqués or. *anses mobiles*

142 — **GRANDE COUPE,** laquée or. *Bol porcelaine de chine entièrement laqué à l'interieur.*

143 — Deux **GRANDS VASES,** laqués or; 77 c.

144 — Deux **VASES,** laqués or; 47 c. *Decors Bleus, Grecques au milieu.*

145 — **GRAND PLAT.** 70 c.

Paysages, Paons, Cigognes, Perroquets.

BRONZES.

146 — **ÉLÉPHANT-BRULE-PARFUMS.**

Hauteur, 73 c. ; longueur, 83 c. ; poids, 128 kilog.

147 — **PETIT ÉLÉPHANT-BRULE-PARFUMS.**

148 — Deux **VASES DU JAPON,** ~~damasquinés d'argent,~~ de 0 m. 47 c., et une **GRANDE FONTAINE,** ~~également damasquinée~~, de 0 m. 77 c. *damasquinés d'argent & incrustés en filets.*

Garniture d'une ~~grande beauté~~ et d'un travail admirable. – *la fontaine à anses formées par des têtes d'éléphants, avec couvercle surmonté d'un chien de Foë; — Goulot (animal chimérique à 3 griffes) les 2 vases ornés de Grecques. —*

149 — Deux **GRANDS PORTE-FLAMBEAUX**, de chacun 1 m. 40 c.

150 — **PETIT VASE ANCIEN.**

151 — **PETITE THÉIERE ANTIQUE.** Dragon enroulé.

152 — **PETITE THEIÈRE ANTIQUE.**

Inscription trop ancienne pour être déchiffrée.

153 — **PETITE THÉIÈRE ANTIQUE**, à six pans, sculptée,

154 — Trois **PETITES THÉIÈRES ANTIQUES**, représentant un dragon enroulé.

155 — **PETITE THÉIÈRE**, représentant un bœuf.

156 — Sept **BRULE-PARFUMS ANTIQUES**, de dimensions et de formes différentes.

157 — Six **BRULE-PARFUMS**, de dimensions et de formes différentes.

158 — Deux **THÉIÈRES ANTIQUES.**

159 — Un **BRULE-PARFUMS** et deux **VASES.**

159 bis. — **VASE ANTIQUE** sculpté, damasquiné, Fondu pour le cabinet *Nong-Yun-Tchaï (Cabinet des Nuages épais)*, Essai. (S. J.), *pièce très-belle.*

947

28

68
800

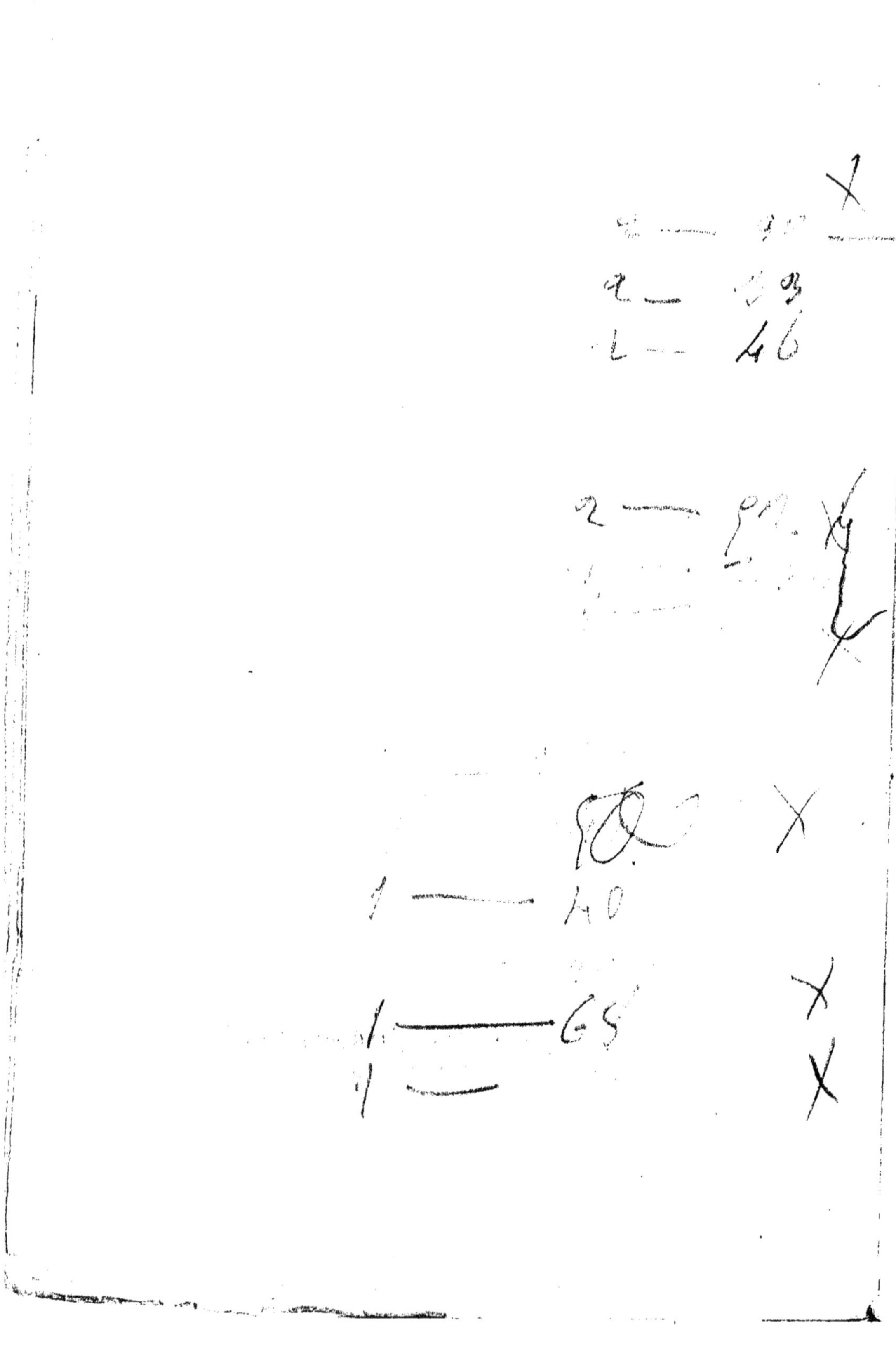

160 — **PETIT VASE ANTIQUE.**

161 — Onze **PETITS VASES**, variés de dimensions et de formes.

162 — Quatre **VASES PORTE-BOUQUETS.**

163 — Deux **VASES PORTE-BOUQUETS**, damasquinés.

164 — Cinq **TASSES ANCIENNES**, à anses.

165 — Sept **TASSES ANTIQUES**, à anses sculptées, de formes et de grandeurs différentes.

Ces vases ont des inscriptions. Une seule a pu être déchiffrée ; elle porte que la pièce a été *fondue par ordre impérial.* (Traduction de M. Stanislas Julien.)

166 — Six **ROULEAUX PORTE-CIGARES**, antiques, sculptés.

Inscriptions trop anciennes pour être déchiffrées.

167 — **POT DAMASQUINÉ.**

168 — Deux **BASSINS A PIEDS**, antiques, sculptés.

Fondus par *Hiao-Tchaï.* (S. J.)

169 — Autre Bassin, mêmes détails.

Du cabinet de *You-Tcho.* (S. J.)

Grecques et dessins d'un très bon goût.

170 — Autre bassin, mêmes détails.

Fondu par *Hiao-Min.* (S. J.)

Pieds formés par des trompes d'éléphants, grecques, fleurs en relief.

171 — Autre Bassin, mêmes détails.

Objet antique du cabinet de *Tsong-Lien.* (S. J.)

172 — Autre Bassin, mêmes détails.

Objet du cabinet de *Tchéou-Lien.* (S. J.)

173 — **GRAND BASSIN,** mêmes détails.

Fondu par *Chéou-Ho* pour le musée Tan-Ting, dans les années thien-Pao, 550 de notre ère, correspondant à la dynastie des Pé-Thsi, ou 742-755 du Thang. (S. J.) avec grecques et cigognes en relief

174 — **SIX BASSINS ANTIQUES,** de dimensions différentes.

Inscriptions trop anciennes pour être déchiffrées. Plusieurs avec grecques.

175 — **BASSIN A PIEDS,** antique, sculpté. avec grecques.

176 — **GRAND BASSIN,** antique, sculpté.

Longueur, 0 m. 50 c. ; largeur, 0 m. 37 c. ; hauteur, 0 m. 18 c.

X 88

X 50

X 40

X 20

X 100

48

1–

— 30

X 140

X

[illegible] 88 X

X

[illegible] X

X

93 X

42

X

177 — Autre, mêmes détails.

Longueur et largeur, 0 m. 32 c.; hauteur, 0 m. 22 c.

178 — Deux **BASSINS A PIEDS**, antiques, damasquinés.

179 — **PLATEAU ANTIQUE**, supporté par un socle, représentant des lapins qui se poursuivent.

180 — **PLATEAU ANTIQUE**, supporté par une tortue.

Pièce d'une forme très-originale.

181 — **PLATEAU ANTIQUE**, supporté par un socle représentant des oiseaux.

182 — **TRONC D'ARBRE CREUSÉ**, d'où sortent des branches fleuries.

Pièce antique, très-originale, et d'une grande hardiesse comme composition.

183 — **PLATEAU**, supporté par un socle antique.

184 — **PLATEAU**, supporté par un socle antique.

Fondu par *Hiao-Ming*. (S. J.)

185 — Deux **LANGOUSTES**.

186 — Trois **CRABES ANTIQUES**.

187 — **CHIMÈRE ANTIQUE.**

187 bis. — Deux **POISSONS.**

188 — Cinq **TORTUES**, de diverses dimensions.

189 — **TORTUE** portant son petit sur le dos.

Bronze remarquable. Inscription trop ancienne pour être déchiffrée.

190 — **BOEUF**, flacon antique.

Inscription trop ancienne pour être déchiffrée.

191 — Deux **CRAPAUDS**, flacons antiques.

Un seul avec inscription, trop ancienne pour être déchiffrée.

192 — **CHÈVRE**, flacon antique.

193 — **CHEVREUIL**, flacon antique.

194 — Deux **CHANDELIERS-BOITES**, niélés, antiques.

195 — **GROS CRAPAUD ANTIQUE**, monté par un magot.

196 — **BATEAU**, monté par un godilleur. (*Antique.*)

X 120

X 11

70

197 — **CACHET** représentant un lion.

198 — **CACHET** représentant des tortues.

199 — Deux **FLACONS** niélés, antiques.

200 — Trois **PRESSE-PAPIERS**, représentant l'un une aubergine, l'autre des raisins, le troisième des pommes de pin.

201 — Huit **SUPPORTS ANTIQUES**, à quatre pieds, dessins variés.

202 — **BOITE ANTIQUE**, sculptée.

203 — Quatre **RÈGLES** ou **PRESSE-PAPIERS ANTIQUES**.

204 — **RÈGLES** et **PRESSE-PAPIERS**, niélés. Deux pièces.

205 — **PRESSE-PAPIERS**, damasquiné or.

206 — Cinq **ÉCRITOIRES** niélées.

207 — **CUILLER**.

208 — **POT** niélé, avec son couvercle.

209 — **CAFETIÈRE**.

210 — **GARNITURE ANTIQUE** : Brûle-parfums, ~~trois~~ vases et deux flambeaux.

Ces cinq pièces sont d'un travail fort remarquable. Elles portent des inscriptions, trop anciennes pour être déchiffrées.

211 — Quatre **PORTE-PLUMES.**

211 bis. — **RÉCHAUD** ET **MARMITES ANTIQUES.** Trois pièces superposées.

212 — **CHAUFFERETTE**, *tou-ang* (marmite de vieillard). (S. J.)

213 — **CHAUFFERETTE ANTIQUE.**
Inscription trop ancienne pour être déchiffrée.

214 — Deux **CHAUFFERETTES ANTIQUES.**

215 — **GRANDE CHAUFFERETTE** antique, à anses.
Diamètre, 0 m. 33 c. ; hauteur, 0 m. 16 c.

216 — **CHAUFFERETTE**, fabriquée dans la période siouen-té, 1426-1435. (S. J.)

217 — **OISEAU DE PROIE** se précipitant, au vol, du haut d'un rocher. Pièce niélée.

218 — Deux **CLOCHES ANCIENNES.**

X 220

X

X

X

44
40 { Rue
96 { 1 vito

X 51

X 90

X 22

X

2 - 20
2 -
110 X

X

45 X
96 X
98 X
146 X
47 X

219 — Deux **FLAMBEAUX**.

220 — Sept **FLAMBEAUX**, modèles divers.

221 — **MOUSMÉ**, femme japonaise.

222 — **REPAS JAPONAIS.** Trois pièces.

LAQUES DU JAPON.

223 — **BOITE**, laque d'or, plateau intérieur (antique).

224 — **BOITE**, laque d'or (antique), arbres, et *Fusy-Hama* (*Fusy-Hama*, grand volcan sacré du Japon).

225 — **BOITE**, laque d'or (antique), avec un Oiseau de proie en relief.

226 — **BOITE**, laque d'or (antique), Jonque en relief.

227 — **BOITE**, laque mordoré (antique), contenant cinq autres petites boîtes,

228 — **BOITE RONDE**, laque mordoré (antique).

229 — Cinq **BOITES RONDES**, laque d'or (antiques).

230 — **BOITE**, laque d'or, représentant un Bouquet de roses (antique).

231 — **BOITE**, laque d'or. Bouquet de chrysantème. (antique).

232 — Deux **BOITES**, laque d'or *usé* (antiques)

233 — Dix **BOITES**, laque or et noir, de diverses formes.

234 — **BOITE**, laque or et noir, coins arrondis.

235 — **PETITE BOITE**, laque or et noir.

236 — **BOITE A COMPARTIMENTS**, bois, écaille, laquée or.

Très-ancienne forme, exécution parfaite. *Pièce très-rare.*

237 — **BOITE**, forme baroque, écaille laquée d'or.

238 — Deux **BOITES** écaille, laquées d'or.

239 — Deux **BOITES** écaille, laquées d'or, à six pans.

240 — Trois **PETITES BOITES** écaille, laquées d'or.

X 36

X 31

X 5 — 90

X

X 44

X 27

X 4 — 50

X 50 X

X 60 — 51

X 29

X 2 — 31

X 2 — 23

600 X

1410 X
198 X

1350 X
1080 X

1 — 451 X
1 — 292 X

241 — **GRANDE BOITE** écaille, laquée or, représentant un Paon, la queue déployée, avec des incrustations de nacre colorée.

Dimension : 18 c. sur 24 c.

Pièce hors ligne par sa grandeur et le fini du travail. Pouvant servir de boîte à gants.

242 — Deux **GRANDES BOITES,** laque ancien et noir. Écritoire et serre-papier. Dessin représentant des Arbres en fleurs et des Cigognes.

La petite : Longueur, 33 c.; largeur, 21 c.; hauteur, 5 c. — La grande : longueur, 41 c.; largeur, 31 c.; hauteur, 16 c.

243 — Deux **GRANDES BOITES,** argent tressé, laquées d'or, avec des Cigognes et des Roses ciselées en relief, Cigognes et Tortues en laque d'or.

Pièces uniques au Japon.

La petite : longueur, 24 c.; largeur, 21 c.; hauteur, 25 c. — La grande : longueur, 38 c.; largeur, 71 c.; hauteur, 16 c.

244 — Deux **GRANDES BOITES,** bois de fer, incrusté de nacre, laqué or, Poissons en relief à l'intérieur. *Pièces rarissimes.*

La petite : longueur, 25 c.; largeur, 22 c. — La grande : longueur, 43 c.; largeur, 77 c.; hauteur, 14 c.

245 — **GRANDE BOITE**, laque ancien, noir et or. Dessin représentant des Bambous et des Roses ; intérieur mordoré.

Longueur : 60 c.; largeur : 16 c.; hauteur : 11 c.

246 — Deux **BOITES A CHAPEAUX**, laque ancien, mordoré et or.

Diamètre : 38 c.; hauteur : 13 c.

247 — **BOITE A TOILETTE.**

248 — **BOITE A JEU**, laque.

249 — **BOITE A MANGER**, laque rouge et or.

250 — **BOITE A MANGER**, laque noir et or (ancien).

Longueur : 33 c.; largeur : 18 c.; hauteur : 33 c.

251 — **BOITE A MANGER**, laque noir et or (ancien).

Longueur : 30 c.; largeur : 22 c.; hauteur : 30 c.

252 — **BOITE A MANGER**, laque noir et or (ancien).

Longueur et largeur : 20 c.; hauteur : 24 c.

253 — **BOITE A MANGER**, laque mordoré (ancien).

Longueur : 13 c.; largeur : 12 c.; hauteur : 18 c.

254 — **BOITE A MÉDECINE**, laquée noir et or, représentant un débarquement de vive force (antique).

X 190

– 108
1 – 100

X

X

X

200 X

99

150 X

200 X

20 —

15 —

9000

255 — **BOITE A MÉDECINE,** laquée d'or. Statuettes en bas-relief. (antique).

256 — **BOITE A MÉDECINE,** laquée d'or. Cigognes en relief.

257 — **BOITE A MÉDECINE,** laquée d'or. Personnages en relief, têtes en ivoire sculpté. (antique).

258 — **BOITE A MÉDECINE,** laquée d'or, représentant un Guerrier combattant un tigre.

259 — Trois **PETITES BOITES** en ivoire, laquées or.

260 — Trois **BOITES** bois dur, sculpté et incrusté de pierres dures.

261 — **GRAND CABINET JAPONAIS.**

Extérieur en bois laqué, intérieur en bois doré et sculpté avec une habileté remarquable.

Pièce du plus beau travail et de toute rareté.

Hauteur : 1 m. 30 c.; longueur : 70 c.

262 — **PETIT PLATEAU ROND,** laque mordoré.

263 — Deux **PLATEAUX,** laque ancien, noir et or, représentant des Oiseaux, des Fleurs et le *Fusy-Hama*. 33 c. carrés.

264 — Deux **PLATEAUX**, laque ancien mordoré, représentant des Oiseaux et un Bouquet de roses.

42 c. carrés.

265 — Deux **PLATEAUX**, laque ancien, noir et or, très-grands.

L'un de 73 c. sur 44; l'autre de 58 c. sur 37 c.

266 — Six **PLATEAUX** en marqueterie laquée.

267 — Trois **COUPES ANTIQUES**, laque rouge et or.

Dessins d'une grande finesse.
Pièces très-rares au Japon.

268 — **PETITE COUPE** écaille, laquée or.

269 — Deux **COUPES OBLONGUES**, écaille laquée or.

270 — Quatre **GRANDES COUPES**, écaille laquée or.

271 — **CABINET-ÉTAGÈRE**, serre-bijoux, noir et or, garniture d'argent, tiroirs laque mordoré.

Longueur : 30 c.; largeur : 20 c.; hauteur : 23 c.

272 — **CABINET-ÉTAGÈRE**, serre-bijoux, laqué or sur fond mordoré, représentant des Arbres en fleurs or et argent, avec tiroirs.

Longueur : 26 c.; largeur : 20 c.; hauteur : 22 c.

Travail d'une délicatesse remarquable.

X 60

X 80

X 200

X 130

X

X 128

n°. 27[illegible] [illegible] Machin 100 [illegible] 192 X

273 — **GRAND POT A TABAC,** bois dur, incrusté de nacre et d'ivoire.

Diamètre : 20 c.; hauteur : 19 c.

274 — **PORTE-CARTES,** laqué noir et or.

275 — Six **PAIRES DE SABRES JAPONAIS**, du plus riche travail.

Les fonctionnaires portent deux sabres à la ceinture. L'un des deux leur sert à s'ouvrir le ventre, quand ils ont failli à l'honneur.

276 — **PETIT SABRE JAPONAIS** de dame noble.

Pièce excessivement rare.

277 — **PETIT SABRE** à poignée blanche. (Peau de Requin)

278 — Soixante **BOULES** en émail cloisonné du Japon, servant à faire des bracelets.

Se vendront par dix boules.

278 (bis) Deux Bracelets en Lapis lazuli =

279 — **BRACELET** formé de têtes de manches de sabres japonais. Médaillons en fer et bronze incrustés d'or.

Dessins très-riches et variés.

280 — Deux cents **AGRAFES JAPONAISES,**

De métaux différents, niellées, damasquinées, ou avec des figures en relief, dorées et argentées.

Modèles très-variés, représentant presque tous ceux en usage au Japon : Scènes de la vie privée. caricatures, mascarons, paysages, marines, animaux, fleurs, etc.

281 — **PAPIER VIRGINAL DU JAPON.**

[illegible]

10 — 284 —
10 — 121 — 10 —
10 — 42 — 8 —
10 — 40 — 10 —
10 — 37 — 9 → 40
10 — 21 —
10 — 30 —
10 — 24 —
10 — 20
10 — 21
10 — 41
10 —
10 —
10 — 24
10 — 41
10 —
10 —

282./. Onze perles fines presque mortes 8010 100.=

les deux grosses perles, de rivière.–

13 rubis, six saphirs. 100.=

Entouré d'une Grecque.=

[illegible]

TROISIÈME SECTION.

OBJETS PROVENANT DU PALAIS IMPÉRIAL DE YUEN-MING-YUEN.

282 — **COUPE EN OR MASSIF**, ornée de grosses perles fines, rubis, saphirs, fabriquée dans la période *Kien-Long*, 1736-1795 (trad. de M. St-Julien).

Cette coupe était dans la chapelle secrète de l'Empereur.

283 — **RELIQUAIRE EN OR MASSIF**, orné de turquoises très-anciennes (divinité protectrice du palais), fabriqué le 25e jour du 11e mois de la 42e année de la période *Kien-Long*, 1777 (S. J.).

Au revers, inscriptions dans les quatre langues de l'Empire : Chinois, Mongol, Mantchou et Thibétain.

Etait dans la chapelle secrète de l'Empereur.

284 — Dix **STATUETTES EN BRONZE DORÉ**, dont trois plaquées or très-épais, représentant la divinité Kouan-Yn, sous différentes formes.

Provenant des grandes pagodes incendiées.

284 bis — Trois **STATUETTES EN CUIVRE DORÉ**, représentant la même divinité.

Même provenance.

285 — **STATUETTE** avec inscription thibétaine.

Etait dans la pagode de Pali-Kiao.

286 — **STATUETTE**, bronze sculpté, représentant un guerrier tartare.

Pièce ancienne, haute de 0 m. 50 c.

Provenant de la même pagode.

287 — Trois **STATUETTES** en émail cloisonné.

Provenant de la grande pagode de Yuen-Ming-Yuen.

288 — Deux **VASES BRULE-PARFUMS** en émail cloisonné, à goutelettes, bronze doré. Hauteur, 0 m. 52 c.

Pièces uniques comme genre de travail.

Etaient placés au pied du trône de l'Empereur (3e salle du trône de Yuen-Ming-Yuen.)

289 — **CADRE** en bois sculpté, mordoré.

Entourait les tablettes des ancêtres d'une grande famille dans la pagode Matao, livrée aux flammes.

290 — **FLACON-TABATIÈRE** de l'Empereur, creusé dans un bloc de cristal de roche blanc, avec bouchon en cuivre.

285

1500 [illegible] 600

[illegible]

355

110

900.

920

291 — **FLACON-TABATIÈRE**, creusé dans une agathe bouillonnée, bouchon en or massif enchassant une grosse rubasse.

292 — **FLACON-TABATIÈRE**, creusé dans du jaspe sanguin, bouchon bas or massif, enchassant du corail.

Etait dans le cabinet particulier de l'Empereur, et rempli de tabac à son usage personnel.

293 — **FLACON-TABATIÈRE** en porcelaine craquelée de *Tchang*, dit *le frère aîné* (S. J.), bouchon en or massif, enchassant un rubis.

Pièce d'une grande rareté en Chine.

294 — **FLACON-TABATIERE**, creusé dans du jade blanc, bouchon en or massif, orné d'un saphir.

295 — **THÉIÈRE** à l'usage de l'Empereur, porcelaine émail ciselé, fabriquée dans la période *Kien-Long*, 1736, 1795. (S. J.)

296 — **GRANDE TASSE**, avec couvre tasse, papillons couleur de fer.

Fabriquée dans la période *Tao-Houang*, monté sur le trône en 1821 (S. J.)

A l'usage de l'Empereur

297 — Deux **PETITES BOITES** en laque de Pékin.

298 — **PETITE BOITE** en laque de Pékin, Inscription extérieure, fabriquée dans la période *Kien-Long*, 1736-1795. Inscription intérieure.

Boîte précieuse qui augmente la longévité. (S.J.)

299 — **SAMPAN**, ou **MACHINE A COMPTER DE L'EMPEREUR,** plaquée or, ornée de pierreries.

300 — **MONTRE** en or, émaillée, à double boîtier et à répétition.

Cadeau fait à l'Empereur par les ambassadeurs européens.

301 — **TABATIÈRE-MONTRE**, boîte à musique, or émaillé, deux bordures de perles fines.

Même provenance.

302 — **MONTRE A RÉPÉTITION,** médaillon en émail.

Même provenance.

303 — **GROSSE MONTRE-PENDULE A RÉPÉTITION,** avec un beau médaillon en émail, calendrier et musique, montée sur bois sculpté.

Même provenance.

304 — **FUSIL A MÈCHE,** de l'Empereur, canon damasquiné d'or, batterie ciselée à jour, orné de turquoises et grenats.

Très-beau travail.

29

103

6-20

X

2.5 [illegible] X

A 628 X

X

305 — **POIGNARD A DOUBLE GARDES,** poignée et garde damasquinées d'or, lame ciselée, représentant, en relief, des chasses au tigre, fourreau en velours rouge et jaune. (Travail indien.)

Était dans la chambre de l'Empereur.

306 — Deux **ROBES DE L'EMPEREUR,** en velours et soie brochés d'or fin, portant le dragon impérial, à cinq griffes.

307 — **SABRE DOUBLE,** pris sur le champ de bataille de Pali-Kiao.

308 — Deux **BRULE-PARFUMS** en émail cloisonné. Hauteur, 0 m. 66 c.

Fabriqué dans la période *Kang-Hi,* **1662-1722.** (S. J.)

Provenant de la pagode impériale.

309 — **BRULE-PARFUMS,** fabriqué dans la période *Siou-En-Té,* de la dynastie des Ming, 1426-1435. (S. J.)

Trouvé dans la chapelle où étaient placées les tablettes des ancêtres des Empereurs de la Chine, et destiné à faire brûler devant eux les parfums du Thibet.

310 — **BOITE D'ENCRE DE CHINE,** en laque et or, contenant douze grands bâtons d'encre sculptés et couverts d'inscriptions.

Aux armes et à l'usage de l'Empereur.

311 — **ANIMAL CHIMÉRIQUE** en bronze cloisonné à retrait.

Trouvé dans la grande pagode du palais.

312 — Deux **VASES EN CUIVRE ÉMAILLÉ,** fabriqués dans la période *Kien-Long*, 1734-1795. (S. J.)

313 — Deux **PETITS BRULE-PARFUMS** en bronze sculpté, cloisonné. Période *Kien-Long*. (S. J.)

Trouvés dans la grande pagode du palais impérial.

314 — Deux **STATUETTES EN PORCELAINE,** pâte tendre, piedestal bleu céladon. Période *Kien-Long* (S. J.)

315 — Deux **PORTE-BOUQUETS** en argent massif, sculptés et dorés,

Étaient dans la chapelle secrète de l'Empereur.

316 — **VASE A PANS CARRÉS,** avec couvercle sculpté, surmonté du dragon impérial. Hauteur, 0 m. 14 c.

Pièce hors ligne pour sa grandeur. Elle est en jade vert-clair-émeraude, pierre qui a une très-grande valeur en Chine.

317 — **BOL EN JADE BLANC,** diamètre, 0 m. 165 mil.; fabriqué dans période *Kia-King*, 1796-1821 (S. J.)

318 — **DÉJEUNER EN JADE BLANC.** Bol mêmes dimension et date que le précédent; soucoupe, 0 m. 24 milim. Deux pièces.

1200
20

5000
2400

24000

X

X

X 869

X 489

X 789

X 10000

9,206

X

X

929

92
82
209
210 ×
94 ×

1505 ×
5150

×

319 — Deux **BOLS JADE BLANC**, 0 m. 11 c. de diamètre.

320 — **BOL JADE BLANC**, 0 m. 12 c. de diamètre.

321 — **COUPE SCULPTÉE**, jade blanc, 0 m. 13 de diamètre.

322 — **GROS PRESSE-PAPIERS**, jade blanc sculpté.

323 — Cinq **PRESSE-PAPIERS**, jade blanc, sculptés.

324 — **OISEAU AU MILIEU DE FLEURS**, jade balnc, sculpté à jour.

325 — Deux **COUPES EN LAQUE ROUGE**, sculptées, aux armes de l'Empereur, dragons à cinq griffes, doublées de feuilles d'or très-épaisses à l'intérieur.

326 — **CACHET EN PIERRE VERTE**, aux armes de l'Empereur de la Chine, et trouvé dans son cabinet particulier.

L'inscription porte : « J'écoute, je reçois les avis, je regarde et j'examine avec soin l'homme qui les donne. » (Teing-Chéou-Chi-Tchaï.) (S. J.)

Ce cachet servait à timbrer les pièces que l'Empereur venait de lire et qu'il trouvait assez importantes pour les examiner de nouveau.

327 — Deux **PLATEAUX EN LAQUE BURGAUTÉ**, avec dragon à cinq griffes, en nacre de perles sous le laque. Pièces d'une grande beauté.

328 — **LONGUE-VUE**, en cuivre, avec son pied. Longueur, 1 m. 12 c.

Trouvé dans le cabinet de l'Empereur.

329 — **GRAND ALBUM REPRÉSENTANT LES 40 VUES DES PALAIS DE YUEN-MING-YUEN**, peintures sur soie, légendes en regard de chaque palais, 40 feuilles doubles, collées sur carton, de chacune 0 m. 80 c. sur 0 m. 74 c. (S. J.)

Pièces uniques, et les seules qui nous conservent l'image des palais incendiés.

330 — Quatre **CRÉPONS DE CHINE**, avec magnifiques Boîtes en laque.

Une boite en mauvais Etat

331 — Sous ce numéro, on vendra les objets omis dans le Catalogue.

Renou et Maulde, imprimeurs de la Compagnie des Commissaires-Priseurs, rue de Rivoli, 144. 9152

12000

348

358

1050 — 208

1000 280

www.ingramcontent.com/pod-product-compliance
Ingram Content Group UK Ltd.
Pitfield, Milton Keynes, MK11 3LW, UK
UKHW020332180726
13839UKWH00002B/662

9 782329 501376